PRÉCIS

DES

ÉPREUVES COMPARATIVES

FAITES EN 1820 ET 1821,

A L'ÉCOLE ROYALE D'ARTILLERIE DE LA FÈRE,

Sur des Canons d'espèces et de nature différentes poussés à bout concurremment.

Par M. le Baron C....,

MARÉCHAL-DE-CAMP, INSPECTEUR-GÉNÉRAL D'ARTILLERIE,

NOMMÉ POUR PRÉSIDER CES ÉPREUVES.

SECTION E.

A PARIS,

CHEZ ANSELIN ET POCHARD (Successeurs de MAGIMEL),

LIBRAIRES POUR L'ART MILITAIRE, RUE DAUPHINE, N° 9.

1822.

DIVISION DES ÉPREUVES.

POUR LE CALIBRE DE 24 (de siége),

1° Celles de six Canons de bronze, coulés pleins, produits nouveaux des trois fonderies royales de Douai, Strasbourg et Toulouse ;

2° Celles de quatre Canons de bronze, coulés à noyau et à siphon, produits anciens de la fonderie de Douai ;

3° Celles de quatre Canons de fer de fonte, dont un suédois, deux à la suédoise, coulés à Indret, et un ancien de la marine française, du calibre de 18, foré à celui de 24 suédois ;

POUR LE CALIBRE DE 6 (de campagne),

4° Celles de quatre Canons de fer de fonte, dont un suédois, deux à la suédoise, coulés à Indret, et un ancien de la marine française ; avec deux Canons de bronze ordinaires, coulés aux fonderies de Douai et de Strasbourg ;

POUR LE CALIBRE DE 4 (de bataille),

5° Celles d'un Canon, avec âme en fer forgé (soudée au bronze), fabriqué nouvellement, sur le modèle ordinaire, à la fonderie de Strasbourg ; avec deux Canons totalement en bronze, anciennement fondus à Douai et Strasbourg.

ÉPREUVE COMPARATIVE

Du Canon de 4, à âme en fer forgé, concurremment avec deux
pièces totalement en bronze du même calibre.

DIAMÈTRES $\left\{\begin{array}{l}\text{DE L'AME} \ldots \ldots 3^{o}\ 1^{lig.}\ 4^{pol.} \\ \text{DU BOULET} \ldots \ldots 3^{o}\ 0\quad\ 4 \end{array}\right.$

Des Officiers d'artillerie étant en garnison à Strasbourg, en 1802, cherchèrent à INTRODUCTION accréditer l'avantage de se servir de canons de bronze avec âme en fer.

Quelques années après, l'entrepreneur de la fonderie coula, sans autorisation et à ses frais, une petite pièce dont l'âme était formée d'un cylindre en fer de fonte.

Cette pièce ayant été sciée en plusieurs tronçons, on trouva, dans tous, le fer solidement et parfaitement lié au bronze.

En 1812, un Officier général d'artillerie (1), dominé par le désir d'employer les vieux bronzes à la refonte des bouches à feu, sans être forcé d'y ajouter de cuivre neuf de Russie ou de Suède, ni d'étain d'Angleterre, eut l'idée de faire fabriquer, pour la guerre de montagnes, des pièces avec âme en fer forgé, dans les calibres de 8 et de 12, de manière à les rendre suffisamment portatives.

Cette idée fut reproduite par le même officier, dans un programme qu'il donna, en 1818, à l'école royale régimentaire d'artillerie d'Auxonne.

Enfin, en 1819, le Ministre de la guerre permit au chef de bataillon d'artillerie Ducros de fabriquer, à la fonderie de Strasbourg, un canon de 4 de bataille, avec âme en fer forgé.

Le cylindre qui forme cette âme, présentait à la tranche de la bouche une épaisseur de 5 à 6 lignes ; mais, après la destruction de la pièce, on a reconnu que cette épaisseur du fer variait, jusqu'à n'être plus que de 15 à 18 points dans certaines parties; ce qui atteste un grand vice de fabrication.

On croit que M. Ducros avait fait, avec le plus grand soin, décaper le fer de son cylindre, et l'avait fait ensuite étamer sur tous les points; cette dernière opération devant préserver ce fer de la rouille, en attendant la coulée du bronze.

Ainsi préparé, puis posé d'aplomb sur une croix ou chapelet de fer carré de 8 lignes, on construisit le moule de la pièce, laquelle fut coulée *plein*, selon le procédé à siphon, par M. Maritz : le bronze étant au même degré de chaleur que pour les autres canons.

Soit mauvaise volonté de la part du fondeur, soit par trop d'impatience et de précipitation de celle de l'inventeur, qui craignit peut-être que, malgré la préparation donnée au cylindre, la rouille eût encore assez d'action pour empêcher, sur quelques points, la soudure du fer avec le bronze, la coulée a été faite avant que le moule

---

(1) Le Maréchal-de-camp Baron C...., qui fit faire, en même temps, l'essai d'un affût à tige de fer, porte-tourillons, terminé par un seul flasque, qu'il destinait à ces nouvelles bouches à feu, indiquées sous la dénomination de *canon-obusier*.

de la pièce fût sec; circonstance qui peut avoir elle seule occasionée les soufflures dont le bronze se trouva criblé (1).

Le canon fut foré et tourné par les procédés ordinaires.

Le forage présenta de grandes difficultés sur la fin, parce que le bronze avait acquis plus de dureté dans le voisinage du fer, en se liant avec lui.

L'arbre du foret, qui était en fer carré, se força dans l'opération; il fallut le remplacer par un autre en fer méplat; mais déjà le forage avait été assez défectueux pour produire des inégalités dans le calibre de l'âme.

« Cette pièce, dit le procès-verbal de réception, rédigé à Strasbourg le 24 novembre » 1819, eût été nécessairement rebutée, à cause de l'irrégularité du forage, qui lui » avait donné, en divers endroits, notamment à l'emplacement de la charge, plusieurs » points au-dessus de la plus grande tolérance des cinq points dans le calibre. »

Envoi de la pièce à La Fère. Elle se trouvait rendue à l'arsenal de La Fère dans le courant d'août 1820; deux autres canons totalement en bronze et du même calibre, y arrivèrent dans le même temps.

Les trois pièces, d'après une décision ministérielle du 14 juillet précédent, étaient destinées à subir, concurremment, une épreuve comparative limitée à deux mille coups pour chacune d'elles (2).

Le programme, joint à cette décision, prescrivait d'arrêter l'épreuve si, dans son cours, le canon avec âme en fer se trouvait avoir un évasement de 12 points (au-delà du diamètre intérieur qu'il avait en sortant de la fonderie).

On devait d'ailleurs mettre hors d'épreuve chacun des deux canons de bronze, aussitôt qu'on lui aurait reconnu 12 points d'évasement intérieur à l'un des battemens de boulets.

Enfin, le même programme prescrivait, dans le cas où le canon avec âme en fer sortirait avec avantage de l'épreuve comparative, de l'éprouver ensuite tout seul, et d'une manière extraordinaire, sous le rapport de la solidité de son âme, et de la liaison du fer avec le bronze d'enveloppe.

---

(1) Ces soufflures étaient sans nombre à l'extérieur; et après l'explosion de la pièce, on vit qu'il en était de même dans toute l'épaisseur du bronze, où les plus fortes avaient jusqu'à 1 ligne de long, 6 lignes de large, et 14 lignes de profondeur.

(2) Cette décision, et le programme, se trouvent relatés au commencement du cahier des détails spéciaux sur l'épreuve; lettre E.

RECONNAISSANCE ET VÉRIFICATION AVANT L'ÉPREUVE.

NOMS			NUMÉROS de la fonte.	DATES de la fonte.	POIDS en kilogram.	DÉTAILS DE LA SITUATION DE CHAQUE PIÈCE.
Des trois pièces.	Des Fondeurs.	Des lieux de la fonte.				
CANON avec âme en fer forgé.	Sans inscription, ni nom, ni n°, ni poids, devait, d'après le procès-verbal de réception, se nommer l'*Indifférent*, et peser ₂83 kil. Il pèse réellement. . . . . . ₂85 kil.					Extérieur altéré de toute part, par un grand nombre de soufflures : à la tranche de la bouche, le cylindre de l'âme paraît soudé au bronze sur tous les points, et l'épaisseur moyenne du fer est de 5 lig. : on trouve des différences légères, par rapport aux tables, sur les longueurs partielles de la pièce. Les défauts produits par le forage sont *rigoureusement* plus considérables qu'on ne les a signalés à Strasbourg ; l'inégalité dans les cotes données par l'étoile est très-sensible en différens points, et plus particulièrement à 2° 3 lig. du fond de l'âme, où on a trouvé jusqu'à 7 poi. et 8 poi. au-dessus du calibre vrai.
* LA TÉNÉBREUSE, totalement en bronze.	Bérenger.	Douai.	9.	20 juin 179₂.	192 k.	Canal de lumière un peu dégradé dans l'intérieur. Diamètre moyen de l'âme, en général, de 2 à 8 poi. au-dessus du calibre vrai : cette différence, à l'emplacement de la charge (9° 3 lig. du fond), va jusqu'à 6 ½ poi., sens vertical, et 4 poi. sens horizontal ; elle est de 13 poi. et de 7 poi. dans les mêmes sens, à la tranche de la bouche.
* LE HAZARD, totalement en bronze.	Dartein.	Strasbourg.	81.	25 août 179₂.	k. 307, 89	Quelques différences légères, par rapport aux tables, sur les longueurs partielles de la pièce et sur leurs épaisseurs. Canal de lumière évasé de 3 lig. sans dégradations intérieures. L'âme a dû être forée à 1 poi. au-dessous du calibre, du moins le grand nombre de cotes négatives donné par l'étoile l'attestent ainsi : l'évasement, à l'emplacement de la charge (8° 3 lig. du fond), va jusqu'à 2 poi. ; il est de 8 poi. sens vertical, et de 6 poi. sens horizontal, à la tranche de la bouche.

Échelle de l'évasement de l'âme exprimé en points, de trois pouces en trois pouces, à partir du fond, pour servir à comparer la situation intérieure des trois canons avant l'épreuve.

Canon avec âme en fer forgé. . {
(1) D.tre vert. . . . au fond 6½ 7 5½ 5 2½ 3½ 5 3½ id. id. 3 id. 3½ id. id. id. 5 7 — à la tranche.
D.tre horiz. . . 6 6½ 3 3½ 3½ id. 4 3½ id. 4 5 id. 3½ 4 id. 3½ 4 6 — à la tranche.

LA TÉNÉBREUSE. {
D.tre vert. . . . 4½ 6 5½ 5 3 2½ id. 3½ 2½ id. 3½ 2½ 3½ id. 3 3½ 4½ 13 — à la tranche.
D.tre horiz. . . 3 4½ 3½ id. 2½ 1½ 3 2½ id. id. id. 2½ 3½ 2½ 3 3½ 7 — à la tranche.

LE HAZARD. . . {
D.tre vert. . . . 1 ½ ½ id. id. —½ 0 0 0—1—¾—½ ½ id. id. ½ 8½ — à la tranche.
D.tre horiz. . . 1½ 0 0 id. id.—¼—½—½—1—1—1 ¾—½ 0 0 id. id. ½ 6 — à la tranche.

---

* Les détails sur la situation des deux canons, totalement en bronze, ainsi que l'échelle d'évasement de leur âme, annoncent qu'ils ont déjà servi ; mais il est facile de voir qu'il n'y a point de disproportion sensible entre leurs dégradations actuelles, et les vices de fabrication du canon avec âme en fer.

(1) D.tre vert., D.tre horiz., signifient les diamètres mesurés avec l'étoile, dans le sens vertical et dans le sens horizontal ; les chiffres placés vis-à-vis de chacun de ces diamètres, expriment en points les différences en plus ou en moins avec le vrai calibre ; lorsque ces différences sont en moins, les chiffres se trouvent précédés du signe —, qui signifie *moins*. (Ceci est indiqué une fois pour tous.)

2

Particularités remarquables dans l'épreuve comparative et les visites faites après chaque séance de tir de 150 coups.

Tir des 2000 coups de l'épreuve comparative, à raison de 150 coups par séance et par pièce.	Les poudres dont on s'est servi successivement, sont celles anguleuses.	1° de Maromme. .	Fabrique de 1820 = portée moyenne de 230$^{\text{mèt.}}$ 0.
			Fabrique de 1815 = id. id. . . . 235 33.
		2° d'Esquerde	Fabrique de 1820 = id. id. . . . 245 46.

Les boulets choisis avec soin avaient le poids uniforme de 3$^{\text{liv.}}$ 14$^{\text{onc.}}$ 6$^{\text{gros.}}$

Les sabots employés par ordre ministériel, sont ceux avec bandelettes de fer-blanc.

La charge de poudre fut régulièrement celle habituelle de guerre (1$^{\text{liv.}}$ 8$^{\text{onc.}}$).

Les cartouches ont été confectionnées à l'ordinaire : leur longueur, dans la pièce, se trouve assez uniformément de 9° 10$^{\text{lig.}}$

Les trois canons placés l'un à côté de l'autre, à 250 toises de la butte du polygone, tiraient successivement par numéro d'ordre, sans que jamais leur tour respectif eût été interverti.

A chaque 25 coups on a rafraîchi les pièces avec des éponges et les écouvillons mouillés.

Les séances de tir sont au nombre de treize, chacune à raison de 150 coups par pièce ; plus, une quatorzième et dernière de 50 coups, pour compléter les deux mille ordonnés.

Elles ont eu lieu à un ou plusieurs jours d'intervalle l'une de l'autre, en commençant le 7 septembre 1820, et finissant le 7 février 1821.

Le tir fut très-lent dans la première, à cause d'un grand nombre de ratés.

On attribue ces ratés à l'emploi des écouvillons à hampes recourbées, dont les brosses (toutes neuves) poussaient difficilement la charge jusqu'au fond de l'âme, ou qui, après l'avoir poussée jusqu'au fond, l'en faisaient détacher, dans leur mouvement rétrograde, en la ramenant à la bouche par l'effet de l'aspiration (1).

Toutes les fois que cela arrive, le dégorgeoir ne peut atteindre la cartouche, et l'étoupille est incapable de communiquer le feu à la poudre ; de là résulte, ou la nécessité d'introduire de nouveau l'écouvillon pour enfoncer la charge tout-à-fait, ce qui est très-dangereux, surtout à la suite de plusieurs ratés, ou d'amorcer avec précaution , en versant une assez grande quantité de poudre dans le canal de lumière, ce qui n'est pas non plus sans danger, et dans tous les cas, fait perdre beaucoup de temps.

De pareils inconvéniens, souvent répétés dans la première séance, la firent durer 2 heures 55 minutes, de sorte que chaque pièce ne tira pas même un coup par minute.

On a remarqué, dans le cours de cette séance, que le canon avec âme en fer, s'échauffait davantage que les deux autres, à tel point qu'il avait fini par griller son écouvillon et l'avait mis hors de service.

Les deux autres pièces grillèrent bien aussi leurs écouvillons, mais plus faiblement.

Il est à observer qu'en passant successivement la main sur chacune de ces trois pièces immédiatement après le tir, on a bien éprouvé une sensation de chaleur constamment plus grande pour le canon avec âme en fer que pour les deux autres ; mais on n'a pu, même à l'aide du thermomètre, en établir le rapport (2).

---

(1) Ce mauvais service des écouvillons à hampes recourbées , mérite bien d'être noté ; les embarras, les dangers, la perte de temps qui en proviennent, sont des inconvéniens très-graves en présence de l'ennemi, surtout dans les momens décisifs.

(2) La même différence de sensation de chaleur s'est fait remarquer pendant tout le cours de l'épreuve comparative, et pourtant on ne s'est plus aperçu que les écouvillons eussent été grillés davantage dans une pièce que dans l'autre.

Dans les séances subséquentes on est parvenu, avec plus d'exactitude dans le chargement, à rendre le tir des pièces plus actif.

La durée moyenne se trouve......	Pour chaque intervalle de 25 coups. . . = de 13′ à 20′	Ce qui a fourni à peu près deux coups par minute.
	Pour le temps de rafraîchir. . . . . . = de 3′ à 4′	
	Pour la séance totale du tir. . . . . . de 1 h. 40′ à 2 heures.	

Les trois pièces, après chaque séance de tir de 150 coups, et à la fin de leur épreuve comparative, ont subi de nouvelles vérifications rigoureuses, tant à l'extérieur qu'à l'intérieur.

Nouvelles visites faites rigoureusement après chaque séance de tir de 150 coups; et à la fin de l'épreuve.

A l'extérieur. Rien de défectueux ne s'est manifesté, si ce n'est à la lumière des deux pièces totalement en bronze.

A celle de la *Ténébreuse*, les dégradations devinrent si considérables qu'il y eut, après six cents coups, nécessité de remplacer le grain.

Le teton s'en trouva détruit tout-à-fait; le corps du grain déchiré de toute part, n'avait plus que 21 lignes de longueur.

Les filets de l'écrou ayant été fortement altérés, il fallut construire un taraud pour les reformer; on fut obligé de faire au burin et à la main les filets de ce taraud, ainsi que ceux du nouveau grain, lequel à la fin des deux mille coups, se trouvait encore à remplacer.

Quant au canon le *Hasard*, lorsqu'il fut mis hors d'épreuve après 1950 coups, il y avait aussi nécessité de remplacer son grain de lumière.

A l'intérieur. Le refoulement (1) du métal se fait remarquer, à chaque visite, depuis le fond de l'âme jusqu'au logement du boulet, par une série de cotes dont les mouvemens ascendans et progressifs restent assez symétriques entre eux et assez analogues d'une pièce à l'autre : toutefois dans le canon avec âme en fer, les accroissemens sont toujours un peu moindres que pour les deux autres.

Dans ce même canon, ni l'étoile, ni le miroir n'ont signalé de traces sensibles de battemens en avant du logement du boulet; bien que le plus grand refoulement dût être coté audit logement à la fin de l'épreuve $\frac{\text{diamèt. vertic. } 15}{\text{diamèt. horiz. } 12\frac{1}{2}}$, y compris l'évasement indiqué avant l'épreuve de $\frac{\text{diamèt. vertic. } 5}{\text{diamèt. horiz. } 4}$.

Il s'est manifesté, au contraire, dans les deux pièces, totalement en bronze, des battemens à divers endroits de la volée, aussitôt que le plus grand refoulement eut acquis environ 11 points, dans le sens vertical, au logement du boulet : et quand il y fut arrivé, savoir, dans la *Ténébreuse*, à $\frac{\text{diamèt. vertic. } 21\frac{1}{2}}{\text{diamèt. horiz. } 15\frac{1}{2}}$, dans le *Hasard*, à $\frac{\text{diamèt. vertic. } 15}{\text{diamèt. horiz. } 10\frac{1}{2}}$. Les battemens devinrent assez forts pour faire mettre hors de service lesdites pièces (2).

Mais dans le canon avec âme en fer, le miroir a fait découvrir des égrènemens au logement du boulet, à la partie inférieure de l'âme (sens vertical), précisément dans l'endroit où règne la soudure du fer sur lui-même (3).

Ce fut après 1950 coups que l'étoile a signalé ces égrènemens, pour avoir 18 lignes de long, 4 lignes de large, et 8 points de profondeur.

Il est à remarquer que l'égrènement principal se trouvait précisément au fond du logement (dans le sens vertical). Ce qui fait que l'étoile, en mesurant dans ce sens le plus grand refoulement, lui a donné constamment en plus, la profondeur de l'égrènement; par exemple, la cote 23 points donnée par l'étoile, à la fin de l'épreuve, comme

---

(1) On appellera *refoulement*, l'enfoncement ou affaissement du métal sous l'effort du fluide de la poudre et la pression du boulet; c'est ce qu'on nommait aussi quelquefois, *évasement*, *dilatation*, etc.

(2) Dans le tir à boulet roulant, les battemens commencent et deviennent violens dans les mêmes circonstances.

(3) L'égrènement, l'apparence de lézarde, dénotent un grand vice de fabrication dans le cylindre de l'âme; l'un et l'autre proviennent, de ce qu'on a employé pour la soudure de l'étoffe de ce cylindre, une matière plus fusible que le fer, et qui avait moins de nerf que lui, enfin de ce que le fer a été mal corroyé.

indiquant le plus grand refoulement au logement du boulet (sens vertical), ne doit être réellement que de 15 points, y compris les 5 points de l'évasement avant l'épreuve.

Le miroir a encore, vers la fin de l'épreuve, fait découvrir dans la même pièce, aussi à la partie inférieure de l'âme (sens vertical), et sur toute sa longueur, une apparence de lézarde; c'était l'amorce de la soudure du fer sur lui-même qui commençait à se montrer (1). La lézarde, figurée par la trace de cette amorce, n'avait point de profondeur appréciable.

Quant aux deux pièces totalement en bronze, ce n'est que dans la *Ténébreuse*, et après 1950 coups, que le miroir fit apercevoir deux fouilles (à 1pi. 5° 3lig du fond) l'une à la partie inférieure de l'âme, l'autre à la partie supérieure.

A la dernière visite, l'étoile a signalé ces fouilles pour avoir environ 9lig. d'ouverture 1lig. de profondeur.

Résultat de la dernière visite, établi comparativement avec ceux des précédentes, après chaque séance de tir de 150 coups, pour constater les progrès du plus grand refoulement au logement du boulet et au plus fort battement.

NOMS des PIÈCES.	NOMBRE de coups tirés.	LONGUEUR D'ÂME à partir du fond.	COTES de l'évasement avant l'épreuve.	SÉRIE Des plus hautes cotes de refoulement, signalée par l'étoile, tant au logement du boulet, qu'au plus fort battement.
CANON avec âme en fer forgé.	2,000	de 7° 3lig. à 9° 3lig. (log. du boulet.)	D.tre vert. 5 / D.tre horiz. 4	ACCROISSEMENS Depuis la 1re séance, successivement jusqu'après la 14e. 6 8 id. id. 9½ id. 10½ 11 12½ 14½ 18 id. / 6 6½ id. 7 id. 8½ id. id. id. id. id. id. / Nota. Abstraction faite (pour le diamètre vertical) de la profondeur de l'égrènement, qui, à la dernière visite, était de 3 points, le plus grand accroissement réel de refoulement ne sera que de D.tre vert....10e / D.tre horiz...8½ et les cotes les plus fortes du logement, que de D.tre vert.....15 / D.tre horiz...12½ y compris la cote de l'évasement avant l'épreuve.
LA TÉNÉBREUSE.	2,000	de 7° 3lig. à 9° 3lig. (log. du boulet.) 2pieds 3° 3lig. (plus fort batt.)	D.tre vert. 6½ / D.tre horiz. 4 / D.tre vert. 2½ / D.tre horiz. 2	ACCROISSEMENS Depuis la 1re séance, successivement jusqu'après la 14e. 6½ 8½ id. 10 10½ 11½ 12 id. id. 12½ 13 id. 15 id. / 7½ 8 8½ 9½ id. 11 id. id. id. 11½ id. id. id. / Depuis la 5e séance (on 750 coups) jusqu'après la 14e. 5 7 id. id. 9½ id. id. id. 11½ 12½ hors d'épreuve. / 2½ 3½ 4 4½ 5 5½ 6 id. 7 8
LE HASARD.	1,950	De 7° 3lig. à 9° 3lig. (log. du boulet.) 1pied 6° 3lig. (plus fort batt.)	D.tre vert. 0 / D.tre horiz. 0 / D.tre vert. 0 / D.tre horiz. ½	ACCROISSEMENS Depuis la 1re séance, successivement jusqu'après la 13e. 5 6½ 7½ 8 9½ 11½ id. 12½ id. 14 id. 15 id. / 4 id. 5½ 6 7½ 10½ id. id. id. id. id. id. / Depuis la 12e séance (on 1,800 coups) jusqu'après la 13e. 11½ 13½ hors d'épreuve. / 9 9½

(1) Voir, à la page précédente, la note (3).

Échelle de l'évasement de l'âme exprimée en points, de trois pouces en trois pouces, à partir du fond, pour servir à comparer la situation intérieure des trois Canons, après l'épreuve (1).

		au fond																		
Canon avec âme en fer forgé. . .	D.tre vert. . . .	10	*id.*	11½	23**	9	7	6	*id.*	4	*id.*	4	*id.*	5	*id.*	*id.*	*id.*	8½	*id.*	à la tranche.
	D.tre horiz. . . .	10	10½	12	13	7½	7	6	*id.*	5	*id.*	4½	*id.*	4½	*id.*	*id.*	*id.*	8½	*id.*	
La Ténébreuse.	D.tre vert. . . .	11½	14	16	22**	10½	11½	13½	*id.*	15	*id.*	12	*id.*	9	*id.*	9½	*id.*	*id.*	18	à la tranche.
	D.tre horiz. . . .	12	14	15½	18	11½	13	12	*id.*	10	*id.*	10	*id.*	9	*id.*	9	*id.*	*id.*	15	
Le Hasard. . . .	D.tre vert. . . .	8	8	8	16**	5½	9	13½	8	5½	*id.*	*id.*	*id.*	5	*id.*	*id.*	*id.*	*id.*	13½	à la tranche.
	D.tre horiz. . . .	8	8½	8	10½	7	8	9	7½	5	*id.*	*id.*	*id.*	5	*id.*	6	*id.*	*id.*	10	

CONCLUSIONS.

Il résulte de tous ces faits et observations:

1° Que le canon avec âme en fer forgé est sorti de l'épreuve poussée à deux mille coups, sans avoir de traces sensibles de battement, en avant du logement du boulet;

2° Que la *Ténébreuse*, totalement en bronze, a dû être mise hors d'épreuve, dans les 50 derniers coups des deux mille, comme ayant un battement de boulet de plus de 12 points de profondeur;

3° Que le *Hasard*, de même matière que le précédent, a dû être mis hors d'épreuve à la visite faite après 1950 coups, comme ayant dès lors un battement de boulet de plus de 12 points de profondeur;

4° Que le logement du boulet dans le canon avec âme en fer, présente de l'analogie avec le même logement dans les pièces totalement en bronze, toutefois la cote la plus haute de refoulement s'y est accrue, durant l'épreuve, jusqu'à 15 et 16 points pour les deux dernières, tandis que pour le premier, ladite cote, abstraction faite de l'égrènement, n'est réellement que de 10 points, encore semble-t-elle rester stationnaire après 1,050 coups;

5° Que l'égrènement survenu au logement du boulet, dans le canon avec âme en fer, attendu qu'il se trouve à l'endroit de la soudure du fer sur lui-même, ne peut, non plus que l'apparence de lézarde au même endroit sur toute la longueur de l'âme, que provenir de ce qu'on aurait mal corroyé le fer et employé pour la soudure sur lui-même, quelque matière plus fusible, et qui avait moins de nerf que lui.

Ces vices particuliers, vu la facilité d'y remédier par une meilleure fabrication, ne sauraient rien faire préjuger de plus désavantageux que le logement du boulet sur le dépérissement actuel de l'âme en fer, laquelle semble, dans tous les cas, avoir servi éminemment à conserver le grain de lumière;

---

(1) Pour se faire une idée des refoulemens du métal, pendant l'épreuve, il faut comparer avec cette échelle, celle de l'évasement de l'âme avant l'épreuve (*page* 5).

** Dans chaque série, ces cotes ont été prises entre 8° et 9° du fond, afin d'en reproduire les plus hautes au logement; dans la première série, il faut en déduire (*sens vertical*) 8 points pour la profondeur de l'égrènement.

6° Que la promptitude avec laquelle le plus fort battement a acquis sa profondeur de plus de 12 points dans le *Hasard*, atteste assez que les deux pièces totalement en bronze ne pouvaient plus fournir de bon service, avec le mode de chargement employé, lorsqu'on les a mises hors d'épreuve.

Deux anomalies bien remarquables dans cette conjoncture, c'est que d'une part le dernier accroissement du plus fort battement a été moins considérable dans la *Ténébreuse*, qui avait 22 points de plus grand refoulement vertical à son logement du boulet, que dans le *Hasard* qui n'y avait que 16 points, et d'autre part que le plus fort battement se trouve pour la *Ténébreuse*, durant les neuf dernières séances, à 2$^{pl.}$ 3° 3$^{lig.}$ du fond, tandis que pour le *Hasard*, le même battement s'est seulement formé, pendant les deux dernières, à 1$^{pl.}$ 6° 3$^{lig.}$ du fond, distance bien différente de l'autre ;

7° Qu'en vain on objecterait que les deux canons totalement en bronze, avaient déjà servi avant d'entrer en concurrence pour cette épreuve comparative ; car , on a reconnu aisément (abstraction faite de toute prévention) que la pièce avec âme en fer forgé, avait été tellement maltraitée, soit par le fait de ceux mêmes qui ont concouru à sa fabrication, soit par l'effet des circonstances, qu'il n'y avait pas de disproportion dans la situation respective des trois canons : on aurait au contraire tout lieu d'être étonné que, malgré tant de vices de fabrication, la pièce de nouvelle invention ait pu soutenir l'épreuve d'une manière aussi avantageuse ;

8° Qu'enfin, il ne peut être douteux que l'âme en fer forgé, exempte des défauts qui ont été signalés, procurerait une supériorité bien décidée aux canons de bataille du calibre de 4; et on peut conclure de là qu'il n'est point déraisonnable d'avoir avancé qu'une âme de même nature dût procurer de grands avantages aux pièces destinées à la guerre de montagne, sous la dénomination de canons-obusiers; car, ces pièces, fussent-elles des calibres de 8 et de 12, devant être habituellement employées à tirer des boulets creux ou de la mitraille, et rarement des boulets pleins à de faibles distances, la charge de poudre n'en serait jamais plus forte que celle de guerre, dont on s'est servi dans l'épreuve du canon de 4.

On peut aussi conclure, par analogie, que l'âme en fer forgé serait avantageuse aux mortiers-éprouvettes, dont la durée est ordinairement si courte et le service si incertain dans l'épreuve des poudres.

En faisant régner cette âme, depuis le fond de la chambre jusqu'au-dessus de l'emplacement du globe, elle pourrait atténuer sensiblement la dégradation du grain de lumière et celles qui surviennent si vite aux arêtes de la chambre, elle empêcherait peut-être tout-à-fait le logement du globe de se former.

Enfin, on pourrait hasarder de donner l'âme en fer aux petits mortiers, aux obusiers et même à toutes les bouches à feu; mais ce premier essai a été opéré sur un individu trop imparfait; et, avant tout, il serait nécessaire que de nouvelles expériences vinssent confirmer les avantages qu'on se promettrait de retirer d'un tel changement dans le système actuel.

On trouvera, après les réflexions sur cette épreuve et sur les conséquences de divers modes de chargement, les propositions que l'on croit pouvoir faire raisonnablement sur un objet d'une aussi grande importance.

ÉPREUVE EXTRAORDINAIRE

Du Canon de 4 avec âme en fer forgé.

~~~~~~~~~~~~~~~~~

Ce canon sorti, à son avantage, de l'épreuve comparative, limitée à deux mille coups, fut ensuite soumis, tout seul, à une épreuve extraordinaire.

Le programme prescrivait de lui faire tirer, avec double charge, et deux boulets sans sabot ni bouchons, cent coups de suite et rapidement, en rafraîchissant chaque 25 coups; ensuite, après l'avoir vérifié, de recommencer le lendemain, de la même manière, jusqu'à concurrence de 50 coups. *(marginale: Condition du Programme.)*

Immédiatement après cette dernière épreuve, de lui faire tirer, avec autant de rapidité que possible, dix autres coups, sous l'angle de 45°, sans affût, avec double charge, un tampon de bois de chêne de 3° de long sur la charge, et par-dessus le tampon, quatre boulets roulans.

Bien loin d'avoir pu supporter en totalité cette épreuve extraordinaire, le canon a éclaté en trois tronçons, au neuvième coup de la première séance.

Le programme prescrivait encore, *toutes ces épreuves étant terminées*, de scier la pièce en long, par son axe, et en travers, à l'extrémité d'avant de la charge ordinaire, afin d'examiner avec soin l'état de la soudure du fer avec le bronze, partout où ces deux profils permettraient de le faire, et particulièrement à la bouche, à la lumière, au fond de l'âme, aux logemens de boulet, et en avant de ces logemens.

L'explosion du canon ayant opéré la rupture en travers à l'extrémité d'avant de la double charge, et celle en long assez exactement par l'axe (dans le sens vertical), on a pu, sans recourir au sciage, satisfaire pleinement à ces dernières conditions.

Particularités de l'épreuve extraordinaire, et résultat de la visite après l'explosion.

La poudre était de même espèce et de même force que la dernière employée dans l'épreuve comparative : les boulets avaient également été choisis. *(marginale: Exécution de la pièce.)*

La longueur de la double charge contenant exactement trois livres de poudre, s'est trouvée dans la pièce :

Mesure prise sur la poudre, de. . . . . . 11° 6$^{lig.}$

Mesure prise sur les deux boulets, de. . . 17°.

Au neuvième coup de la première séance, le canon a éclaté en trois tronçons, dont deux latéraux, qui se partagent la pièce (dans le sens vertical) depuis le bouton de culasse jusqu'aux anses et aux embases des tourillons, et le troisième, comprenant la volée restée intacte, avec une portion du deuxième renfort.

La violence de l'explosion fut telle que le plus considérable des deux tronçons latéraux (celui de droite, qui avait conservé le bouton avec la plus forte portion de culasse) fut lancé à plus de 8 toises; et l'autre tronçon, de même espèce, à plus de 12 toises : chacun de son côté obliquement en arrière. *(marginale: Explosion.)*

L'écrou du grain de lumière se trouvant partagé entre ces deux tronçons, le grain s'échappa si loin, qu'il fut impossible de le retrouver.

Quelques morceaux de fer détachés de la sommité de la branche du chapelet, la plus voisine de l'écrou du grain de lumière, et quelques petits éclats de bronze, furent éparpillés, avec une force extrême, à travers le groupe de spectateurs (1).

Les tourillons entraînés par la violence de la séparation des deux tronçons latéraux près de l'embase correspondante, et après avoir, dans cette circonstance, ployé ou forcé les sous-bandes et sus-bandes, sortirent de leurs encastremens, suivant un double mouvement de rotation et de recul, qui porta la volée de la pièce jusque près des crosses, en glissant, dans le sens latéral, entre les flasques.

Plusieurs parties de l'affût, depuis la tête jusqu'à la semelle, ont été disjointes ou brisées : l'essieu ployé de haut en bas, et très-fortement arqué de l'avant à l'arrière.

Forme de la rupture.

La rupture en long a séparé les deux tronçons latéraux, suivant un plan, passant assez exactement par l'axe de la pièce et la lumière, de façon qu'ils ont conservé chacun une portion d'âme, à peu près égale de part et d'autre, mais non point une portion semblable de culasse. Le tronçon de gauche n'a retenu dans cette dernière partie de la pièce que la tranche de bronze comprise entre la naissance du fond de l'âme et celle du bouton, en laissant à nu, sur la contre-partie, le côté gauche de l'extrémité du cylindre en fer, avec deux des branches du chapelet (2).

Il est à remarquer qu'à la partie inférieure de l'âme de la pièce, la rupture en long est assez droite, et sa surface assez égale partout; mais du côté opposé, et particulièrement aux environs de l'écrou du grain de lumière, elle se montre, au contraire, bien irrégulière : sa surface, prenant ici une forme de biais, s'est trouvée sensiblement altérée par des échancrures ou des brèches que les morceaux dispersés dans l'explosion ont occasionées.

La rupture en travers n'a rien de régulier, parce qu'elle a détaché chaque tronçon latéral d'avec le restant de la pièce, biaisant de la naissance de l'anse gauche jusque vers le milieu de l'anse droite, qui s'est brisée; puis, sous une forme échancrée, aux environs de chacune des embases des tourillons. Sa distance moyenne du fond de l'âme étant de 17°, il s'ensuit qu'elle se trouve assez exactement à l'extrémité d'avant de la double charge (mesure prise sur les deux boulets).

Examen des tronçons; état particulier de chacun ...

Sur le profil en long, on voit, à la partie inférieure de l'âme, l'amorce de la soudure du fer sur lui-même demeurée presque partout isolée, et à vive-arête, au bord intérieur de l'un des tronçons latéraux; ainsi, la rupture en long aurait, de ce côté, suivi la direction même de la soudure dont il s'agit, ou bien cette apparence de lézarde qui a été signalée à la fin de l'épreuve comparative(3).

L'épaisseur du fer est, comme on l'a signalé à la tranche de la bouche, assez uniformément de 5$^{\text{lig.}}$ sur toute la longueur de l'âme, à sa partie inférieure; mais, à l'opposé, elle varie au point d'être moindre de deux lignes, en plusieurs endroits; ainsi

---

(1) On s'était précautionné d'avance contre les accidens qui pouvaient survenir; mais rien n'annonçant comme prochaine la destruction de la pièce, on se contentait de faire retirer les canonniers un peu en arrière, au moment de mettre le feu, et après le coup, on observait s'il y avait apparence de dangers suffisans pour qu'on dût se retirer sous les blindages préparés.

Le canon ayant éclaté, sans qu'on l'eût prévu, les canonniers et la plupart des membres de la commission, que le président avait réunis au champ d'épreuve, se sont trouvés à proximité; cependant il n'y eut qu'un sergent blessé légèrement à la bouche, par un éclat de bois parti des roues de l'affût.

(2) On a déjà dit que ces branches étaient de fer carré de 8$^{\text{lig.}}$; chacune d'elles se trouve surmontée parallèlement à l'axe du canon, de deux dents aussi de fer; l'une en forme de dé, partant de l'extrémité de la branche, et tournée du côté du cul de lampe; l'autre placée immédiatement contre le cylindre de l'âme qu'elle est destinée à maintenir, au moyen de sa saillie en pointe triangulaire qui va jusque tout près du fond de l'âme.

(3) Ce qui paraît avoir plus particulièrement décidé cette direction, comme toutes celles prises à la rupture de la culasse, c'est l'arrangement des branches du chapelet, lesquelles ne se trouvant nulle part, ni en aucune manière, soudées avec le bronze, ont pu atténuer sa résistance, tant par elles-mêmes, que par leurs dents destinées à maintenir le cylindre de l'âme, et dont l'une s'avançait tout près du fond, à la partie inférieure; et une autre tout près de l'écrou du grain de lumière.

la différence d'épaisseur du fer, de la partie supérieure de l'âme à sa partie inférieure, se trouve comme 2 est à 5.

Cette inégalité d'épaisseur dans le cylindre en fer de l'âme, soit qu'elle provienne d'un grand vice de fabrication à la forge, soit de ce que le cylindre ne s'étant point maintenu parfaitement concentrique ou d'aplomb sur son chapelet, pendant la coulée du bronze, le forage ait dû, pour cette cause particulière, enlever du fer à la partie supérieure de l'âme, il est toujours probable que c'est là une des causes de l'explosion aussi subite du canon : du moins on est fondé à le croire, lorsque l'on considère que les irrégularités signalées à la rupture en long, correspondent exactement aux défauts plus ou moins grands d'épaisseur dans le fer du cylindre de l'âme.

Les deux tronçons latéraux se trouvent, l'un comme l'autre, singulièrement déformés.

Celui de droite, le plus maltraité, est, de l'intérieur à l'extérieur, bombé aux environs de l'écrou du grain de lumière, fortement arqué ou voûté, dans toute sa longueur.

Le point le plus élevé de cette voussure irrégulière se trouve à 7° 6^{lig.} du fond de l'âme : point correspondant aux $\frac{2}{7}$ de la double charge ; mais ce qu'il y a de plus remarquable, c'est qu'en cet endroit, comme aux environs de l'écrou du grain de lumière, l'épaisseur du fer n'est que de 15 à 18 points à la partie supérieure de l'âme. Aussi doit-on signaler ce point comme l'origine de la destruction de la pièce, et cela, avec d'autant plus de raison, qu'il présente dans l'intérieur de la muraille de bronze, une soufflure la plus considérable de toutes celles qui se laissent apercevoir sur les deux profils.

A ce même tronçon, qui a conservé à peu près les $\frac{1}{7}$ de l'écrou du grain de lumière, on voit sur le profil en long, cette portion d'écrou très-élargie et déformée par une crevasse profonde, qui descend verticalement jusqu'au fond de l'âme où elle arrache à la partie en bronze de la culasse une portion du cylindre de fer, et se prolonge ensuite sur l'âme du tronçon, par son milieu, jusqu'à 6 pouces du fond, sans pénétrer au-delà de l'épaisseur du fer (1).

Au tronçon latéral de gauche, la courbure ou voussure semblable à celle du tronçon de droite, se trouve disposée d'une manière symétrique sur toute la longueur.

On trouve à l'intérieur de l'un et de l'autre desdits tronçons, sur divers points de l'âme, plusieurs petites crevasses simples, et à rayons divergens ; mais toutes paraissent ne pas pénétrer au-delà de l'épaisseur du fer.

On doit généralement en attribuer la cause à des soufflures plus ou moins considérables qui ont interrompu la liaison du fer avec le bronze sur chacun de ces points.

Le tronçon auquel est resté la volée toute entière, avec une portion du 2e renfort, n'offre à l'extérieur rien de remarquable, si ce n'est l'irrégularité de formes dans la cassure en travers, dont les biais et les échancrures aux environs des embases, constituent deux proéminences à l'opposé l'une de l'autre dans le sens vertical.

Il s'est opéré dans le même sens, sur les bords de la cassure, un rétrécissement de l'âme qui provient de ce que l'amorce de la soudure du fer sur lui-même s'est détachée en se relevant un peu.

Dans le sens horizontal on y trouve, au contraire, un excès de calibre qui est visiblement la suite de la difformité signalée sur les deux tronçons latéraux : on y voit d'ailleurs le prolongement de l'une de ces petites crevasses du fer, que l'on a dit avoir été produites par l'effet des soufflures dans le bronze.

_____

(1) Il est à remarquer que les filets de l'écrou du grain de lumière ne se trouvent aucunement altérés ; et qu'à l'issue du teton, l'âme n'avait point éprouvé la moindre dégradation ; preuve que le fer a contribué puissamment à la conservation du grain de lumière.

Ce restant de crevasse est dans la direction de l'anse droite ; on aperçoit aussi dans la direction de l'anse gauche, une autre petite crevasse de même forme.

Du reste, l'étoile atteste que, partout ailleurs, l'âme est encore dans le même état qu'à sa visite après l'épreuve comparative.

La somme des poids partiels des trois tronçons s'élève à 282$^{kil.}$, savoir :

Pour le tronçon latéral de droite. . . 86$^{kil.}$
Pour le tronçon latéral de gauche. . . 56   } Total égal. 282.
Pour le tronçon de la volée. 137

Le poids du canon, dans son entier, était de 285$^{kil.}$; ainsi, les morceaux dispersés dans l'explosion ne pèsent que 4$^{kil.}$ en totalité.

Examen de la soudure du fer avec le bronze. On a examiné attentivement sur les deux profils, l'état de la soudure du fer avec le bronze. Elle a été reconnue parfaite sur tous les points ; et c'est en vain qu'on a essayé, à l'aide du burin et du marteau, de séparer les deux matières, particulièrement à la bouche, à la lumière, au fond de l'âme, aux logemens de boulet, et en avant de ces logemens.

On a bien remarqué, particulièrement sur le profil en travers, quelques légères interruptions de soudure ; mais il est évident qu'elles ne sont dues qu'aux trous ou soufflures qui se rencontrent dans le bronze, à la surface du cylindre en fer.

On a déjà dit que c'était à de pareilles soufflures qu'il fallait attribuer les petites crevasses survenues dans l'explosion à l'intérieur de l'âme en fer.

Mais la preuve de l'union la plus forte entre les deux métaux, se manifeste, de la manière la plus satisfaisante et la plus irréfragable, à la portion du côté gauche du cylindre, mise à nu, à la culasse, dans la rupture des deux tronçons latéraux.

Le fer qui se trouvait là, entre deux masses de bronze, s'est arraché à lui-même, de part et d'autre, plutôt que de se séparer du bronze : et, au même endroit, les deux surfaces de rupture se trouvent comme tapissées de fer soudé au bronze.

L'aspect des deux branches du chapelet mises à nu, à la même place, est tout-à-fait différent : celles-ci se trouvent partout nettes de bronze, et leurs empreintes, restées lisses à la contre-partie du tronçon de droite, n'y dénotent aucune trace d'union entre les deux métaux.

CONCLUSIONS.

Si le résultat de l'épreuve qui précède peut, en quelque sorte, faire considérer l'usage des canons avec âme en fer comme dangereux, il est très-fâcheux d'avoir à exprimer ici des doutes fondés sur des défauts de construction, de moulage, de forage, etc.

En effet, les causes principales de la destruction si prompte et si violente de la pièce, dès le commencement de son épreuve extraordinaire, peuvent être attribuées avec raison,

1° A l'état défectueux du cylindre de l'âme, sous le rapport de la soudure du fer sur lui-même, et encore plus sous celui de l'épaisseur du cylindre qui, de 5 à 6$^{lig.}$ qu'elle est à la tranche de la bouche et à la partie inférieure de l'âme sur toute sa longueur, ne se trouve plus à l'opposé de cette dernière partie que de deux lignes, et même de 15 à 18 points dans l'emplacement de la charge ;

2° Aux soufflures, sans nombre, dont le bronze d'enveloppe se trouve criblé, tant à l'intérieur qu'à l'extérieur, et notamment contre le fer du cylindre de l'âme, où ces soufflures, en formant des vides plus ou moins considérables, ont nécessairement occasioné autant d'interruption dans la soudure du fer avec le bronze.

En considérant combien ces soufflures ont dû atténuer la ténacité ordinaire du bronze, ne serait-on pas porté à penser qu'indépendamment des avantages remportés par la pièce, dans son épreuve comparative, c'est encore uniquement à son âme en fer qu'elle doit une résistance que n'eût pas opéré, sans doute, un canon totalement en bronze, dont la construction aurait présenté ces vices signalés.

S'il en était ainsi, on aurait une nouvelle raison de croire à la possibilité d'obtenir un bon service des pièces légères et portatives, telles qu'on les a indiquées pour la guerre de montagne. Car, en supposant le cylindre en fer, parfaitement fabriqué, et le bronze de bonne qualité, il n'y aurait plus d'inconvénient à diminuer l'épaisseur de ce dernier métal.

On verra d'ailleurs, dans les réflexions qui vont suivre, 1° qu'en renforçant le cylindre de fer à l'emplacement de la charge ou tonnerre ; 2° qu'en trouvant une manière favorable d'écrouir le bronze d'enveloppe ; 3° qu'en adoptant un autre mode de chargement qui permettrait de réduire le poids de la charge de poudre au $\frac{1}{4}$ du boulet, sans diminution dans les portées : on peut se promettre encore de très-grands avantages.

Ce qu'il y a de bien positif dans le résultat actuel de l'épreuve extraordinaire (et tel était le but principal qu'on se proposait), c'est qu'il atteste d'une manière irréfragable que la soudure du fer avec le bronze se trouve si parfaite, qu'il a été plus facile d'arracher le fer sur lui-même, que de le détacher d'avec le bronze. Enfin, c'est que l'âme en fer, dans la soudure avec le bronze, n'a reçu aucune altération, ni à l'écrou du grain de lumière parfaitement conservé, ainsi que le grain lui-même, ni aux logemens de boulet, ni en avant de ces logemens, ni à la tranche de la bouche.

Au surplus, quoique les raisonnemens qui précèdent paraissent péremptoires en faveur des canons avec âme en fer, comme cette innovation est d'une importance majeure, son adoption paraît devoir être subordonnée à de nouveaux essais sur des individus tout-à-fait exempts des défauts de fabrication dont il a été parlé.

RÉFLEXIONS.

On a signalé l'inconvénient très-grave qui résulte de l'emploi de l'écouvillon à hampe recourbée pour enfoncer la charge, cela doit suffire pour le faire abandonner tout-à-fait.

Bien vaudrait aussi de supprimer le calibre de 4 de bataille, qui est le seul pour lequel on se sert d'un pareil écouvillon, si l'expérience prouve qu'en donnant aux pièces de 6 ou de 8 une âme en fer, on parviendrait, en leur faisant subir les diverses modifications qui vont être indiquées, à rendre l'une ou l'autre de ces pièces à peu près aussi légère que celle de 4, sans qu'il en résulte aucun inconvénient dans le service.

Avantage de remplacer le calibre de 4 par une pièce de calibre supérieur, qui aurait à peu près la même légèreté.

(1) Les calibres supérieurs, en campagne comme dans les siéges, donnent, surtout

(1) Au siége mémorable de Gaëte (en 1806), on a pu se convaincre, en battant en brèche à plus de 150 toises du rempart, que les effets produits par les pièces de 36, étaient au moins double de ceux des pièces de 24. C'est surtout dans le tir des boulets creux, merveilleusement facilité par l'emploi du sabot conique modifié, que les premières ont eue, sur les secondes, des avantages décisifs, en achevant promptement les brèches, après que le revêtement en pierre se trouvait sapé, et en les déblayant ensuite, de manière à les rendre praticables.

dans les circonstances décisives, des avantages si grands et si positifs, comparativement à ceux qu'on peut obtenir de calibres inférieurs, qu'il ne faut point balancer à préférer les premiers dès qu'il y aura possibilité de le faire, sans obstacles, du côté du transport, du tirage et de la manœuvre.

Si donc on se décide à faire de nouveaux essais de l'âme en fer forgé sur des individus modifiés et exempts de vices de fabrication, on ne peut que conseiller de choisir pour cela des pièces de 6 ou de 8, que l'on aurait réduites à peu près au même poids que celles de 4.

On s'est aperçu dans l'épreuve comparative que le canon avec âme en fer forgé s'échauffait davantage que les deux totalement en bronze.

Cette différence s'est manifestée aux brosses des écouvillons, qui ont paru un peu plus grillées dans le premier que dans les deux autres; elle était encore sensible en appliquant la main successivement sur les trois canons; mais on n'a pu l'apprécier rigoureusement par l'usage du thermomètre, tant à l'intérieur qu'à l'extérieur.

Si on se rappelle les défauts d'épaisseur du fer dans le cylindre de l'âme, et ceux de densité dans le bronze d'enveloppe, à cause des soufflures dont il se trouve tout criblé, on sera embarrassé de dire à quoi il faut attribuer la différence d'échauffement dont il s'agit.

En faisant d'autres essais, on doit s'attacher à mieux proportionner l'épaisseur du cylindre de fer, et à rendre cette épaisseur uniforme pour chaque partie; on doit aussi mettre plus de soin à forger et corroyer le fer et à le souder sur lui-même, plus d'attention dans le moulage de la pièce, dans la coulée du bronze, dans le forage, etc.

On a vu que le refoulement a été moindre dans la longueur d'âme occupée par la charge (1) pour la pièce avec âme en fer que pour les deux canons totalement en bronze; mais qu'il y avait pour tous trois de l'analogie dans cette sorte de dégradation qui, jointe au logement proprement dit du boulet (2), devient la cause unique de la destruction si prompte des bouches à feu.

D'après l'avantage obtenu du canon avec âme en fer forgé, il y a tout lieu de croire à la possibilité d'y annihiler le refoulement produit en particulier par le poids, et le frottement du boulet sur la paroi inférieure de l'âme, en renforçant le fer du cylindre d'une manière convenable.

On doit également espérer de réussir à atténuer sensiblement dans la longueur d'âme occupée par la charge, le refoulement produit par le choc du fluide de la poudre; mais pour y parvenir, il paraît nécessaire qu'indépendamment de l'expédient du renfort de l'âme en fer, on réussisse à écrouir le bronze de l'enveloppe, de manière à l'empêcher de céder mollement par couches successives et à lui procurer une résistance égale à la force de sa masse (3).

Différence sensible d'échauffement entre la pièce avec âme en fer et les deux totalement en bronze.

Possibilité d'annihiler le refoulement produit par le fait du boulet, et d'atténuer celui causé par le choc du fluide de la poudre.

---

(1) On entend par longueur d'âme occupée par la charge, la portion de l'âme qui comprend l'emplacement de la poudre et celui du projectile avec son sabot ou les bouchons, lorsque la pièce est chargée.

(2) On entend par Logemens { De la poudre, le résultat du refoulement produit à l'emplacement de la poudre, par le choc du fluide qui se dégage de cette substance.

Du boulet, le résultat du refoulement, produit à l'emplacement du projectile par l'effort du fluide de la poudre; mais plus spécialement par le frottement du boulet sur la paroi inférieure de l'âme, ou bien encore par la résistance du boulet ensaboté.

De la charge, la dégradation ou difformité de l'âme, qui participe des logemens particuliers de la poudre et du boulet.

(3) L'expérience a prouvé que le bronze étant écroui à l'intérieur par le choc du fluide de la poudre, dans cent coups consécutifs, cède ensuite, dix fois moins sous le même effort, dans le même nombre de coups. (*Épreuve de La Fère*, en 1820.)

Pour l'intelligence de cette théorie, on doit se persuader que le plus grand refoulement à l'emplacement du projectile, résulte, pour le tir à boulet avec le sabot à bandelettes de fer-blanc, comme pour le tir à boulet roulant, de deux actions bien distinctes : celle du fluide de la poudre, qui s'exerce dans la longueur d'âme occupée par la charge, et celle particulière du boulet, qui se borne à l'endroit où il pèse et frotte sur la paroi inférieure de l'âme (1).

Ainsi, dans l'expression générale $\frac{\text{diamèt. vertic. } 10}{\text{diamèt. horiz. } 8\frac{1}{2}}$ du plus grand refoulement, à la fin de l'épreuve comparative, dans la pièce avec âme en fer, la cote $8\frac{1}{2}$ donnerait celui qui est dû à l'action du fluide de la poudre, dans la longueur d'âme, occupée par la charge, tandis que c'est la différence entre ces deux cotes $8\frac{1}{2}$ et 10 (ou $1\frac{1}{2}$), qui ferait connaître le plus grand refoulement dû spécialement au poids et au frottement du projectile sur la paroi inférieure de l'âme, ou au logement proprement dit du boulet.

Cette différence, si petite ($1\frac{1}{2}$), fournirait donc la preuve que l'âme en fer résiste beaucoup plus que celle de bronze sous le poids et le frottement du boulet (2), et laisse entrevoir la possibilité de faire disparaître le refoulement dû à cette dernière cause par le moyen qui vient d'être indiqué.

Mais, en comparant ensuite la cote $8\frac{1}{2}$ avec celles de même nature, 11 et $10\frac{1}{2}$, pour les deux canons totalement en bronze, la différence n'est plus aussi avantageuse pour le canon avec âme en fer, à l'égard du refoulement qui provient de l'action du fluide; et il serait illusoire de prétendre empêcher aussi cette dégradation, par le même moyen (le renfort de l'âme en fer), quand bien même on augmenterait son efficacité par l'emploi du mode de chargement le plus favorable au déplacement du projectile (3); il faut donc nécessairement recourir, en outre, à l'essai d'écrouir le bronze de l'enveloppe, pour parvenir, s'il se peut, à empêcher ou du moins à atténuer plus sensiblement le refoulement exprimé par la cote $8\frac{1}{2}$(4).

Nécessité de faire l'essai d'écrouir le bronze des canons.

---

(1) Souvent il arrive que le plus grand refoulement se trouve à l'emplacement de la poudre, un peu en arrière de celui du projectile, ou logement du boulet; mais ce cas n'a lieu que dans les premières périodes du tir d'une pièce; le frottement du boulet ramène toujours, à la longue, le plus grand refoulement à l'emplacement du projectile.

(2) La même différence étant exprimée par 4 et 5, pour les deux canons totalement en bronze, on peut dire que l'âme en fer résiste quatre fois plus que celle du bronze sous le poids et le frottement du boulet, au logement proprement dit.

(3) Dans l'état actuel des canons de bronze, si, aux épreuves de réception, on faisait rigoureusement usage de bouchons de vieux cordages, parfaitement serrés, et assez épais pour qu'on dût les enfoncer à force de bras sur la poudre et sur le boulet; et si on refoulait ensuite très-fortement sur ces bouchons, la résistance opposée par le projectile dans son déplacement, occasionnerait alors des refoulemens, tels qu'aucune pièce ne pourrait plus être reçue dans les tolérances ordinaires.

(4) Des trois canons de 24 coulés plein, qui, aux épreuves de La Fère (1820), ont été poussés à bout avec l'emploi du grand sabot conique (*Gassendi*), deux ont tirés 3,000 coups, sans avoir perdu de leur justesse ni de leur portée.

Durant les 100 premiers coups, la plus haute cote du refoulement dans la longueur d'âme occupée par la charge, a été de 30 à 36 points dans tous les sens, avant qu'à l'extérieur les diamètres correspondans eussent éprouvé d'augmentations sensibles.

Durant les 2,900 derniers coups, cette cote s'est élevée, par chaque 150 coups, d'une manière à peu près symétrique dans ses progrès, jusqu'à 60 points de plus; tandis qu'à l'extérieur, les diamètres correspondans n'ont reçu que de 15 à 25 points d'augmentation; encore faut-il y compter pour beaucoup l'ouverture d'une infinité de petites crevasses.

D'après ce, on peut conjecturer que, si on eût écroui à l'intérieur et à l'extérieur le bronze du premier renfort, d'une manière équivalente à l'effet produit par le choc du fluide pendant les 100 premiers coups, les pièces eussent été rendues capables de tirer au moins un tiers de plus qu'elles n'avaient pu le faire, pour arriver dans l'état où elles se sont trouvées quand l'épreuve a été suspendue.

Mais n'aurait-il pas fallu tirer encore bien davantage, si, au lieu du grand sabot conique (*Gassendi*) on eût employé un autre mode de chargement analogue et plus apte à procurer au mobile moins de résistance dans son déplacement?

5

Au surplus, eût-on, par ces nouveaux procédés, réussi à annihiler le refoulement dans la longueur d'âme, occupée par la charge, aux pièces de bataille; le même succès n'aurait rien encore de certain dans les pièces de gros calibre; car l'expérience prouve que cette espèce de dégradation si redoutable va toujours en augmentant, particulièrement à l'emplacement du boulet, à mesure que la capacité de l'âme augmente; c'est-à-dire que la charge de poudre et le poids du boulet deviennent plus considérables, indépendamment de l'obstacle des bouchons.

Modification à apporter à l'âme en fer forgé; si on voulait en étendre l'adoption aux pièces de siége. Ainsi, en voulant étendre jusqu'aux pièces de siége l'adoption de l'âme en fer forgé, il faudrait encore faire autant de nouveaux essais particuliers de cette âme qu'il y a de calibres différens; d'ailleurs, il deviendrait peut-être impossible d'en former le cylindre sans défauts de forge, de soudure et d'épaisseur, de manière à le rendre partout également résistant dans une longueur aussi considérable que celle du canon de siége.

Les difficultés ne seraient guère moindres pour décaper le fer et pour l'étamer (si cela est absolument nécessaire contre la rouille avant la coulée); il en serait de même pour maintenir le cylindre d'aplomb et concentrique sur son chapelet pendant la coulée du bronze; de sorte qu'il paraîtrait bien préférable de réduire l'âme en fer forgé à un dé qui n'aurait que la même longueur que le renfort.

Cette modification n'entraînerait aucun inconvénient du côté de la durée et du bon service, ni même de la faculté d'allégir, parce qu'il suffit d'empêcher les logemens de se former dans la longueur d'âme occupée par la charge, pour qu'il n'y ait plus à craindre de battemens ou frottemens trop considérables de boulets, ni par conséquent la destruction de la pièce.

Dans tous les cas, il faut apporter plus d'attention qu'on ne l'a fait à l'arrangement des parties du chapelet, et peut-être faire en sorte que ses branches soient soudées avec le bronze, au moins dans les pièces légères, dont autrement elles pourraient affaiblir la culasse.

Ames en fer de fonte comparées avec celles en fer forgé. Les pièces en fer de fonte s'échauffant beaucoup moins vite dans le tir que celles de bronze, la matière des premières n'étant presque point susceptible de se refouler sous le poids et le frottement du projectile, et encore moins sous le choc immédiat du fluide de la poudre, il semble que des âmes en fer de fonte procureraient de plus grands avantages dans les bouches à feu que celles en fer forgé.

Outre que la fonte de fer revient beaucoup moins cher, il serait plus facile d'en obtenir des cylindres sans défauts, et de préparer ceux-ci pour le coulage de la pièce.

Si donc, en écrouissant le bronze, on parvient à l'empêcher ensuite de se laisser refouler mollement, comme cela arrive dans les canons ordinaires de ce métal, il reste certain que les âmes en fer de fonte doivent obtenir la préférence.

Toutefois, quel que puisse être le renfort qu'on donnerait à celles-ci (à moins qu'il ne soit démesuré), si le bronze d'enveloppe, ..., venait à céder toujours, quoiqu'il ne reçût plus immédiatement le choc du fluide ou le frottement du projectile, alors la fonte pourrait s'étonner fortement, se fendre à la longue, puis s'égrener jusqu'au point d'occasioner des cavités profondes dans la longueur d'âme occupée par la charge, et rendre ainsi la pièce hors de service.

C'est particulièrement dans les gros calibres que de pareils accidens seraient le plus à craindre, et l'âme en fonte de fer, eût-elle fait merveille dans les calibres inférieurs, on n'en pourrait encore rien espérer pour les plus gros.

L'expérience seule peut donc décider; et d'ailleurs on sait déjà que la fonte de fer se laisse égrener promptement à la lumière des canons, ce qui la rend, sous ce rapport, moins avantageuse que le fer forgé(1).

---

(1) Les résultats des épreuves de La Fère (1820), sur des pièces en fonte de fer de Suède et d'Indret, (de 6 et de 24), comparativement avec des pièces en bronze de mêmes calibres, prouvent assez qu'on se flattait en vain d'obtenir, à épaisseurs égales des matières, le même avantage des unes que des autres pour

Au reste, on devrait réduire les longueurs des cylindres en fer de fonte à celles des renforts ou tonnerres, ainsi qu'on l'a déjà expliqué pour ceux de fer forgé.

En examinant les trois tronçons résultant de la destruction de la pièce de 4, avec âme en fer, il est aisé de se convaincre que l'effort du fluide de la poudre ne s'exerce éminemment que dans la longueur de l'âme occupée par la charge, et que le projectile une fois en mouvement, si la volée de la pièce n'en reçoit aucun battement, cette partie n'aura besoin que d'une faible épaisseur pour supporter les derniers efforts du fluide qui se débande (1).

Si donc on adopte un mode de chargement qui ne permette plus de battemens ; si on donne au premier renfort des canons une longueur suffisante, le second renfort leur devient inutile et la volée peut recevoir une moindre épaisseur (2). *Motifs de supprimer le 2⁰ renfort des canons, de diminuer l'épaisseur de la volée, et de visser cette dernière partie aux pièces de montagnes.*

De pareilles dispositions étant suivies dans les nouveaux essais sur les canons avec âme en fer, elles pourront fournir les moyens d'alléger ces canons autant que le comporterait le bon service de leurs affûts ; et il ne serait peut-être pas impossible de trouver des modifications favorables pour donner aux affûts eux-mêmes plus de légèreté sans nuire à leur solidité, et sans leur procurer trop de recul.

Il reste encore à développer les propriétés de divers modes de chargemens, afin de distinguer celui qui, étant le plus favorable au déplacement du projectile, pourrait encore contribuer le plus efficacement à augmenter le bon service et la durée des bouches à feu. *Importance du choix dans les divers modes de chargemens.*

Dans les deux pièces de 4, totalement en bronze, qui ont été soumises à l'épreuve comparative, on voit que le logement du boulet, une fois arrivé à la profondeur où, dans le tir à boulet roulant, les battemens ont coutume de se manifester à la volée, l'emploi du sabot avec bandelette de fer-blanc n'a pu empêcher ces battemens d'avoir lieu comme dans ce tir.

L'emploi dudit sabot n'a donc pour avantage particulier que de retarder le logement du boulet dans les pièces de bataille : on ne saurait se flatter d'obtenir, dans les pièces de gros calibre, un résultat semblable de ce mode de chargement, puisqu'il n'empêcherait point leurs projectiles plus lourds de peser et frotter sur la paroi inférieure de l'âme, à peu près comme dans le tir à boulet roulant ; et d'ailleurs, la durée de service dont on se contente pour les canons de campagne, paraît devoir être beaucoup plus longue, si l'on se sert, dans leurs chargemens, du sabot conique modifié, qui n'exige aucun des apprêts lents et difficiles de celui dont il s'agit (3). *Propriétés du sabot ordinaire avec bandelettes de fer-blanc.*

Le grand sabot conique (Gassendi) empêche tout-à-fait les battemens à la volée ; il ne permet jamais aux projectiles que des frottemens très-allongés et qui n'acquièrent *Propriétés du grand sabot conique (Gassendi).*

le service de terre. A la vérité la fonte française a obtenu une supériorité bien marquée sur celle de Suède, jusque-là réputée la meilleure ; mais toutes deux ont fini par éclater, de telle sorte que la durée des canons de ces deux fontes n'a été que d'environ moitié de celle des canons de bronze, dans le tir à boulet roulant, et du tiers, dans celui à boulet saboté : ainsi, le service qu'on pourrait se promettre des âmes en fer de fonte (celle ci fût-elle la meilleure possible), ne se trouverait garanti qu'autant que par leur soudure avec le bronze d'enveloppe, elles participeraient à la ténacité de ce dernier métal.

(1) La volée des canons de 24, en fer suédois, avec une épaisseur de 6ˡⁱˢ. de moins que celle des canons en bronze de même calibre, n'a subi aucune altération dans le tir ni dans l'explosion des pièces (*épreuves de 1820*). C'est déjà sur ce principe, que se trouve établi la coupure dans le modèle de fusil de rempart, présenté, en 1819, par le maréchal-de-camp C.... Cette arme étant destinée à rester souvent exposée aux injures de l'air, on ne peut faire mieux, en modifiant son mécanisme, que de lui donner la nouvelle platine à marteau des fusils de chasse.

(2) D'après cela, il n'y aurait aucun inconvénient à visser la volée des pièces destinées à la guerre de montagnes, afin de les rendre plus portatives.

(3) Pour préparer le sabot avec bandelettes de fer-blanc, il faut employer des artificiers instruits, et beaucoup de temps ; il faut que ce sabot soit de bois sec, autrement le boulet joue sous les bandelettes après le retrait, et cesse de faire corps avec le reste de la cartouche ; ce qui le ramène au même cas que dans le tir à boulet roulant. Il faut encore que le bois ne soit pas trop passé, autrement les clous ne tiennent plus, et les bandelettes se détachent, etc.

assez de violence pour devenir capables de faire cesser toute justesse dans le tir, qu'après que les plus hautes cotes du refoulement au logement du boulet ensaboté sont parvenues à 100 points environ au-dessus du calibre de l'âme (1).

Le même sabot donne encore d'autres avantages, tels que celui de permettre de ré duire la charge de guerre au $\frac{1}{4}$ du boulet, sans diminution pour les portées (2), de procurer aux pièces de siége une durée au moins cinq fois plus grande que dans le tir à boulet roulant.

Mais, en revanche, il a de bien grands inconvéniens : par exemple, ceux 1° de ne pouvoir être employé au service des pièces de bataille, dont il allongerait trop les cartouches; 2° de ne permettre de l'introduire qu'à part du boulet dans le chargement des pièces de siége ; 3° de se gonfler par l'humidité au point de ne plus entrer dans l'âme; 4° d'être beaucoup trop encombrant; 5° de produire des éclats meurtriers à plus de 100 et 150 toises; 6° enfin, de donner très-promptement naissance à un lo gement particulier de forme fuselée, dont il fait accroître le plus grand diamètre de 36 à 40 points au bout de 100 coups, de manière à ôter par conséquent la faculté de tirer ensuite avec la même pièce à boulet roulant ou avec le sabot à bandelettes de fer-blanc (3). Au surplus, il y a erreur ou préjugé de croire que c'est parce que ce sabot annihile le vent du boulet, qu'il devient le plus propre à conserver la justesse du tir et à prolonger la durée des pièces.

Il contribue, au contraire, éminemment à augmenter le vent dans son logement, et ce n'est que pour un instant qu'il peut conserver la propriété de l'annihiler, quel que soin que l'on prenne de rapprocher son calibre de celui de l'âme (4).

S'il aide, autant qu'il le fait, à la justesse du tir et à la durée des pièces, c'est par sa propriété d'empêcher le projectile de peser et de frotter immédiatement sur la paroi inférieure de l'âme, et de rapprocher davantage, en faisant corps avec lui, son centre de l'axe de la pièce ; enfin, c'est parce que, vu la longueur du boulet saboté, l'axe de celui-ci se trouve toujours faire, avec celui de la pièce, des angles assez petits pour que le projectile ne doive que glisser sur les parois de l'âme, toutes les fois que, par suite de l'élargissement du logement, il vient à frotter fortement soit au moment du départ, soit à la sortie de la pièce.

Propriété du sa-bot conique modi-fié. Le sabot conique *modifié* semble réunir, dans le service des pièces de siége, les mêmes propriétés; mais bien plus nombreuses encore que celles du grand sabot (Gassendi) sans en avoir les inconvéniens ni les défauts.

Il a aussi sur le sabot ordinaire, avec bandelettes de fer-blanc, des avantages particuliers dans le service des pièces de bataille, et quelques-uns de ces avantages deviennent immenses dans les circonstances difficiles.

(5) Il est éminemment propre à toutes sortes de tir : à boulets pleins ordinaires,

---

(1) Résultat des épreuves de La Fère (1820), sur deux canons de 24 en bronze, coulés à noyau et à siphon, poussés à bout avec l'emploi dudit sabot.

(2) Aux épreuves de La Fère (1820), il a fallu, avec la même charge de guerre (celle au $\frac{1}{3}$ du boulet) donner aux pièces tirées avec le grand sabot conique, environ un degré de moins d'élévation à l'axe, qu'à celles qui tiraient à boulet roulant.

(3) Aux épreuves de La Fère (1820), sur cinq pièces de 24 en bronze, tirées avec le grand sabot conique, toutes acquirent également, au bout de 100 coups, une augmentation de calibre de 36 à 40 points, au logement du boulet ensaboté, et ce logement prenait une forme fuselée, en s'allongeant d'une manière symétrique, autant en avant qu'en arrière de son plus grand point de refoulement.

(4) Ce sabot n'a que 4 points de moins que le calibre de l'âme; précision nuisible, sans être utile : car ce n'est pas du plus ou du moins de vent que l'on doit attendre le plus ou le moins de service d'une pièce; le principal est de ne point trop augmenter la résistance du projectile, de l'empêcher de peser et de frotter immédiatement sur la paroi inférieure de l'âme, et, quel que soit le vent, de rapprocher, autant que possible, le centre du boulet de l'axe de la pièce, dans le départ.

(5) Le maréchal-de-camp C...., a imaginé, en 1799, à Ehrenbreitstein, où il commandait l'artillerie, de se servir de ce sabot, pour des expériences sur le tir des projectiles creux avec les canons, d'après celles indiquées par M. le lieutenant-général comte A........ Depuis, il a eu l'occasion de développer cette idée aux

à boulets rouges, à boulets creux, à obus, à projectiles de calibres trop petits, étrangers, défectueux.

Il prolonge peut-être autant que le grand sabot conique la durée des canons de siége, après que déjà ces canons se trouveraient dans le cas d'être rebutés pour le tir ordinaire à boulets roulans.

Il donne, comme ledit sabot, la faculté de réduire la charge de guerre au $\frac{1}{4}$ du boulet, sans diminution dans la portée du but en blanc (1); et, comme il est déjà, par le fait de sa construction, de plus de deux pouces moins long que l'autre, il s'ensuit qu'avec cette diminution sur la charge de poudre, les cartouches à boulets, dans lesquelles il se trouve employé, n'ont pas plus de longueur que celles ordinaires; et qu'il n'oblige de changer aucune des dimensions dans les caissons, coffrets, etc., inconvéniens reprochés au grand sabot conique.

Il pourrait faire durer, peut-être du double, le service des pièces de bataille, après que celles-ci auraient déjà perdu leur justesse dans le tir ordinaire, ce qui arrive dès que le logement du boulet a de 15 à 20 points, dans le sens vertical.

Il facilite la confection des cartouches à canon à tel point qu'on peut y employer de simples soldats de recrues, et même des paysans; et que cette confection comparée, pour un temps donné, à celle des cartouches avec le sabot à bandelettes de fer-blanc se fait dans le rapport de 10 à 1 (2).

Il permet, sans qu'il en résulte de dérangement dans la justesse du tir, ou dans les portées, ni de dégradations dans l'âme de la pièce, d'employer des projectiles de calibres trop petits ou trop défectueux pour le tir à boulets roulans, et pour celui avec le sabot à bandelettes (3).

Il rend les munitions plus durables, parce qu'en nouant le sachet par-dessus le boulet, toutes les parties de la cartouche se tiennent unies plus fortement et la poudre mieux tassée ne s'écrase plus dans les transports (4).

Enfin, il sert à confectionner des cartouches à boulets creux de la même manière que celles à boulets pleins, en laissant dépasser la fusée après avoir noué le sachet par-dessus le projectile, ce qui est très-avantageux pour les canons-obusiers (5).

---

siéges mémorables de Gaëte et de Dantzig, en 1806 et 1807, où presque tout le matériel d'artillerie fut créé sur place, et où on fit un usage général dudit sabot : il en étendit l'emploi encore davantage à Custrin, où, après que les munitions françaises avaient été épuisées à la bataille d'Iéna, cet officier fut chargé de renouveler l'approvisionnement général des pièces de bataille, en y employant les munitions prises sur l'ennemi; en sorte qu'on peut avancer que le sabot conique modifié a servi puissamment à ces deux siéges, et aux batailles non moins célèbres d'Eylau, Heilsberg et Friedland.

(1) Cette réduction de la charge du tiers au quart du poids du boulet, ne procurerait qu'un faible avantage à la guerre; cependant, dans certaines circonstances, elle peut devenir très-précieuse, par exemple, au siége de Gaëte (1806), où on manquait de poudre, un seul jour de retard dans la prise de la place eût infailliblement compromis le sort de l'armée.

(2) A Custrin, depuis la fin de novembre, jusqu'à celle de décembre 1806, le maréchal-de-camp C...., a fait confectionner, par de simples soldats de recrue, près d'un million de cartouches à canon, avec le sabot conique modifié; le maître-artificier Garenger dirigeait tout seul les ateliers.

(3) Les projectiles employés à Custrin, avec le sabot conique modifié, étaient généralement étrangers, et de calibres trop petits pour les pièces françaises.

(4) Un rapport fait, en 1809, au Ministre, et au premier inspecteur-général de l'artillerie, par le maréchal-de-camp C...., alors directeur d'artillerie à Metz, au sujet des munitions qui arrivaient du fond de la Prusse, pour passer en Espagne, avec des divisions de l'armée, atteste qu'il existait encore de celles confectionnées à Custrin, en 1806, dont la poudre se trouvait parfaitement conservée; au lieu qu'elle était réduite en poussier dans les cartouches à la française, moins anciennes.

(5) Les fusées sont, pour la durée, proportionnées aux portées; et les cartouches divisées en autant d'espèces particulières que de poids différens, pour la charge de poudre; chaque espèce se renferme dans des caisses à compartimens, étiquetées, et pouvant s'ajuster dans l'intérieur des caissons à canons sans rien changer à leurs dimensions ordinaires. De pareilles caisses étant garnies d'anneaux, pourraient se transporter des caissons aux pièces, à dos des chevaux de brigadiers du train, en garnissant ces chevaux avec des selles à bâts, arrangées comme on l'a fait avec succès devant Gaëte, en 1806.

6

Mais quels que soient les avantages de tous ces sabots, on ne peut se dissimuler qu'on ne se les procure que difficilement et que d'ailleurs ils sont très-encombrans, particulièrement le plus grand sabot conique.

Propriétés du bouchon-sabot. D'après cela, le bouchon-sabot en foin, dont la matière se rencontre partout sous la main, et qui peut se confectionner à l'instant même du chargement, paraîtrait devoir obtenir la préférence à la guerre (du moins pour les canons de siége), si l'on réussit, au moyen de la manœuvre du refouloir, à arranger toujours, d'une manière assez symétrique, son calice dans la pièce; par ce moyen il deviendrait invariablement plus susceptible de recevoir le boulet sans qu'il pesât et frottât immédiatement sur la paroi inférieure de l'âme; et on parviendrait à rapprocher le centre du projectile de l'axe de la pièce, de telle sorte qu'il n'y eût jamais de battemens (1).

Modes de chargemens qui paraissent les plus avantageux. Au reste, en comparant entre elles les conséquences de ces divers modes de chargemens, il est facile de voir que l'avantage resterait à ceux auxquels appartiennent le sabot conique modifié et le bouchon-sabot, comme étant les plus propres à contribuer avec les autres modifications indiquées précédemment, à augmenter le bon service et la durée des bouches à feu.

En effet, le sabot conique modifié et le bouchon-sabot paraissent devoir tenir un juste milieu : d'une part, entre le bouchon ordinaire, à côté duquel on peut ranger le sabot avec bandelettes de fer-blanc, puisque ni l'un ni l'autre n'empêchent la prompte destruction des pièces par les battemens aussitôt que le logement du boulet se trouve avoir de 15 à 20 points pour sa plus haute cote dans le sens vertical ; et d'une autre part, entre le grand sabot conique (Gassendi), qui donne si vite lieu à un logement particulier de forme fuselée, susceptible d'acquérir à la longue jusqu'à 100 points au-dessus du calibre de l'âme, limite où ce sabot n'empêche plus les frottemens de boulet de devenir assez violens pour amener la cessation absolue du service des pièces.

Cependant, pour ne laisser aucun doute sur un objet d'une aussi haute importance, de même que sur tout ce qui paraîtrait systématique dans ces réflexions, on en appelle encore à l'expérience qui, dans tous les cas, est le guide le plus sûr.

PROPOSITIONS.

LES âmes en fer, ainsi que les autres changemens que l'on vient d'indiquer dans la construction, le chargement et les épreuves des bouches à feu, ne tendraient point seulement à en améliorer le service et à en prolonger la durée; mais le but principal de ces innovations serait aussi le précieux avantage de sortir de la dépendance de l'étranger, pour le cuivre et l'étain (2), et de créer une nouvelle source d'industrie

(1) Le maréchal-de-camp C...., a imaginé le bouchon-sabot, en 1814 ; il en a fait usage à l'école d'Auxonne, en 1817, 1818 et 1819, comparativement avec le mode ordinaire de chargement des pièces de siége : il a pu observer que pour la justesse du tir et la portée, il avait la même propriété que les sabots coniques; mais il n'a point été à même, faute d'instrumens, de vérifier jusqu'à quel point, il a influé favorablement sur la dégradation de l'âme, c'est-à-dire, sur la formation des logemens, à l'emplacement de la poudre, et plus spécialement à celui du boulet. On indiquera, à la suite des propositions, la manière de s'en servir.

(2) Le cuivre et l'étain, qui constituent toutes les pièces de bronze, se tirent, le premier de Suède, de Russie ou de Hongrie, le deuxième d'Angleterre : c'est l'idée seule de remplacer ces deux métaux, par des produits du sol français, qui a pu déterminer le maréchal-de-camp C.... à établir des propositions, qui pourront ne paraître que systématiques, parce qu'elles diffèrent essentiellement de l'artillerie de Gribauval, dont pourtant il respecte les principes, et pour qui il a la plus grande vénération.

et de richesses nationales, en n'employant plus que des produits du sol français dans la fabrication de ces armes devenues aujourd'hui si nécessaires dans les batailles ou dans la défense des lieux fortifiés, et par conséquent à la sûreté des États.

C'est pour atteindre un but aussi noble qu'on se détermine, en résumant tout ce qui précède, à proposer, savoir;

1° Relativement aux pièces de bataille.

1° De faire de nouvelles épreuves de l'âme en fer forgé sur des individus exempts des vices qui ont été signalés dans la pièce de 4 poussée à bout;

2° De destiner d'abord à ces expériences une pièce de 6 et une pièce de 8, toutes deux coulées en métaux vieux, avec les additions convenables, de cuivre neuf et d'étain, tirés des mines du royaume de France;

3° De ne donner aux deux nouveaux canons qu'un seul renfort qui aurait à peu près la moitié de leur longueur, à partir de la plate-bande de culasse;

4° De les assimiler, autant que possible, à la pièce de 4, pour la longueur totale, l'épaisseur dans les diverses parties de l'enveloppe de l'âme, le diamètre des tourillons, en le réduisant au $\frac{1}{8}$ du calibre; les dimensions des anses, en les restreignant au *minimum* d'épaisseur et de longueur nécessaires pour la manœuvre (1);

5° De fabriquer le cylindre en fer de l'âme, de manière à lui donner environ 8$^{\text{lig.}}$ d'épaisseur à la partie correspondante au renfort (2), et 4$^{\text{lig.}}$ seulement à celle de la volée;

6° De couler plein, par le procédé à siphon (3);

7° D'écrouir le bronze à l'extérieur aussitôt que la pièce se trouve débarrassée du moule, depuis la plate-bande de culasse jusqu'aux embases des tourillons, et depuis la naissance de la volée jusqu'à la tulipe (4);

8° De forer ensuite l'âme au calibre immédiatement inférieur à celui qu'elle doit recevoir; par exemple, au calibre de 4 pour la pièce de 6; à celui de 6 pour la pièce de 8, ainsi de suite;

9° Dans ce premier état de l'âme, de l'écrouir intérieurement, ou, ce qui revient au même, d'éprouver la pièce en lui faisant tirer 50 coups de suite avec la charge de poudre au $\frac{1}{3}$ du boulet, en employant le grand sabot conique (Gassendi), et ayant soin de refouler avec force sur le projectile;

10° De mettre, après cette épreuve, au calibre exact, et d'achever la pièce, à moins qu'on n'y ait reconnu quelques défauts capables de la faire rebuter;

11° De pousser à bout les deux canons placés sur des affûts adaptés à leurs nouvelles dimensions, en les tirant avec la charge de poudre réduite au $\frac{1}{4}$ du boulet, les cartouches étant confectionnées avec le sabot conique modifié;

---

(1) Il serait peut-être mieux de modeler la pièce de 6 sur celle de 4, et la pièce de 8 sur celle de 6.

(2) Il serait à désirer que le cylindre en fer, recevant d'abord une épaisseur partout uniforme, fût renforcé ensuite au tonnerre, par le moyen de cercles en fer, appliqués à l'extérieur, et qui seraient soudés entre eux, en même temps qu'avec le corps du cylindre.

(3) Outre que le coulage plein paraît être nécessaire pour donner au fer le degré de chaleur convenable à la soudure avec le bronze; les épreuves de La Fère (1820) sur les nouveaux canons de 24 en bronze coulés pleins, comparativement avec d'autres de même espèce coulés anciennement à noyau, prouvent que les premiers résistent deux et même trois fois autant que les derniers.

(4) Cette opération pourrait se faire au moyen d'une machine à vapeur, d'une force égale à celle du fluide élastique de la poudre, dans la longueur d'âme occupée par la charge.

12° De construire, par les mêmes procédés, quatre autres pièces de même calibre, pour lesquelles les âmes réduites à la longueur du renfort seulement seraient, dans les unes, en fer forgé, et dans les autres, en fer de fonte;

13° De porter l'épaisseur dans les âmes en fer de fonte, au moins jusqu'à un pouce, ayant l'attention de n'employer que du fer de seconde fusion, et de la première qualité;

14° De pousser à bout ces quatre dernières pièces, comparativement avec les deux premières, en prenant soin que tout soit égal de part et d'autre.

2° *Relativement aux canons-obusiers, ou pièces légères pour la guerre de montagnes* (1).

1° De leur donner le calibre de 6 ou de 8, mais de préférence celui de 8, et, s'il est possible, celui de 12;

2° De fixer leur longueur de 36° à 40°, et leur poids de 150 à 200 kilogrammes.

3° De les traiter, pour leur construction, ainsi qu'il est dit précédemment pour les pièces de bataille, de l'article 5 à l'article 11, en réduisant au *minimum* possible l'épaisseur du bronze d'enveloppe;

4° Dans le cas où on voudrait visser la volée, de tenir le cylindre en fer forgé destiné à servir d'âme, savoir: au renfort, de trois pouces plus long que son enveloppe de bronze (2), et à la volée, de trois pouces plus court que cette enveloppe; de manière que dans la première partie l'excédant du fer serait taraudé à vis, et dans la seconde, l'excédant du bronze à écrous;

5° De soumettre au moins une pièce de chaque espèce à un tir de mille coups, avec la charge de poudre capable de porter le boulet creux à 1600 mètres, ensuite à une épreuve extraordinaire de 100 coups à boulet plein, avec la charge de poudre capable de porter le projectile à 800 mètres, et de cent autres coups à mitraille, avec une charge égale à la précédente;

6° Les cartouches à boulets creux seraient, comme celles à boulets pleins, confectionnées avec le sabot conique modifié.

3° *Relativement aux mortier-éprouvettes, aux autres mortiers, et aux obusiers.*

De faire régner l'âme en fer dans toute la longueur de la chambre, ainsi que dans la partie où se loge le projectile; mais, on observe que pour le mortier-éprouvette, il serait peut-être préférable d'employer, au lieu de fer forgé, l'acier fondu d'après les procédés les plus nouveaux.

On emploierait habituellement le sabot conique modifié dans le tir des obusiers de campagne; dans celui des obusiers de siége ou des mortiers, on changerait la méthode de se servir d'éclisses (3).

---

(1) Ce sont ces pièces auxquelles le maréchal-de-camp C.... a pensé qu'il convenait le plus d'adapter l'âme en fer forgé. Il a (en 1810, 11 et 12) fait faire l'école de polygone avec une batterie de six canons-obusiers: l'exécution a été aussi prompte que pour les canons ordinaires de bataille; on s'est servi d'un refouloir concave pour ne pas endommager la tête des fusées, en enfonçant la charge; le fond de l'âme étant tronc-conique, on a observé d'écouvillonner deux fois de suite, avec la précaution de secouer la brosse contre la roue, la première fois qu'on retirait l'écouvillon. On a obtenu des portées très-avantageuses avec les boulets creux; dans le tir à mitraille, les effets, à la distance de 100 à 150 toises, furent les mêmes que ceux des autres canons de mêmes calibres; mais de 50 à 80 toises, ils ont été supérieurs: les reculs ont été excessifs.

(2) On aurait soin de ne pas décaper le fer sur cette longueur de 3° destinée à servir de vis à la volée, afin d'éviter qu'il se soudât au bronze dans la coulée, et qu'on pût le mettre facilement à nu pour le tarauder.

(3) On attribue au général Éblé, l'idée d'avoir voulu substituer aux éclisses ordinaires, des cercles en bois,

4° Relativement aux Canons de siége.

De proportionner la longueur des âmes en fer forgé ou de fonte, à celle du renfort, en traitant ces pièces dans leur construction, ainsi qu'il est expliqué pour celles de bataille, de l'article 5 à l'article 11; et en employant, pour les pousser à bout comparativement, le sabot-bouchon en foin et le sabot conique modifié (1).

REMARQUES

Sur le Sabot-conique modifié, le Bouchon-sabot et les Cercle-éclisses.

~~~~~~~~~~~~~~

Dimensions du Sabot-conique modifié pour le calibre de 4 de bataille.

Hauteur totale, $\frac{4}{7}$ du calibre de la pièce. . . . . 2° 5$^{lig.}$ 10$^{points.}$

Diamètre inférieur, 1$^{lig.}\frac{1}{2}$ de moins que le calibre de la pièce. 2 11 6

Diamètre supérieur, 6$^{pts.}$ de moins que l'inférieur. . . . . . 2 11 »

Profondeur du calice, environ $\frac{1}{3}$ de diamètre du boulet. . . 1 10 »

qui se placent dans la pièce autour des projectiles, par le moyen d'un refouloir concave. Plusieurs officiers d'artillerie veulent aussi mettre les sabots par-dessus le projectile. Ces cercles, comme les sabots, lorsqu'ils sont percés au culot, se fendent et se déforment si vite, que l'usage en a été rejeté au siége de Gaëte, en 1806.

Le maréchal-de-camp C.... a imaginé d'employer les cercles de peaux de mouton avec leur laine; ceux-ci se placent accouplés autour du projectile, l'un du côté de la fusée, l'autre du côté du culot; et, au moyen de deux bandelettes de fer-blanc, on les fixe parallèlement, chacun à distance égale du centre; de telle sorte que, dans son logement, le projectile ne pose plus sur la paroi de l'âme, et que son centre se trouve rapproché, autant que possible, de l'axe de la pièce. On expliquera, plus au long, cet appareil dans une note subséquente.

(1) On a observé que c'était un défaut de tenir les étoupilles aussi courtes qu'on le fait : l'emploi des sabots permettant de ne refouler que très-légèrement sur la charge de poudre, l'étoupille pénètrera facilement dans cette charge, après le passage du dégorgeoir, si on a l'attention d'en couper le bout en sifflet; et elle y portera alors le feu jusqu'au centre : d'ailleurs, dès que le canal de lumière se trouve élargi, les étoupilles ordinaires s'y perdent et deviennent inutiles.

7

On doit tenir ce sabot à la main pour placer le boulet dans son calice et l'y enfoncer , en frappant dessus légèrement : jamais il ne faut frapper du côté du sabot, afin d'éviter de le faire fendre ou éclater.

Avant d'introduire le boulet ensaboté dans la cartouche, il faut y avoir bien tassé la poudre, en frappant du plat de la main tout autour ; et avant de nouer par-dessus le boulet, on tire le sachet aussi fortement que possible ; on passe ensuite une lunette, ou calibre en bois, pour s'assurer que la cartouche n'est point trop forte, surtout dans la partie occupée par le projectile.

Le calice du sabot conique modifié peut servir de type pour disposer la tête des refouloirs ordinaires, de façon à la rendre propre à l'usage du bouchon-sabot en foin (1).

Ce dernier s'obtient en lui donnant d'abord, à la main, la forme d'un nid ; puis après l'avoir enfoncé sur la poudre, on achève de rendre son calice plus symétrique en moulinant le refouloir modifié deux ou trois fois, en sens inverse, comme cela se pratique en écouvillonnant, après quoi on refoule légèrement ; mais, afin de maintenir le boulet dans le calice ainsi disposé, il faut qu'un second bouchon de foin se place par-dessus, et qu'il y soit refoulé fortement.

Nota. Les bandes de peau pour former les cercle-éclisses dont on a parlé dans les propositions au sujet des mortiers et obusiers, ne doivent avoir que 4 à 5lig. de largeur : l'une des deux bandelettes de fer-blanc destinées à les maintenir parallèles, y est fixée d'avance par les extrémités ; mais la seconde ne l'est que par un bout, et ce n'est qu'après que le projectile se trouve entouré, qu'on agrafe l'autre, en le pliant sur l'un des deux cercles.

On rase la laine sur quatre points ou crénaux en croix, tant pour faciliter l'introduction du projectile que pour donner passage au fluide qui doit allumer la fusée.

L'obus ou la bombe, revêtu d'un tel appareil, conservent naturellement la situation verticale en s'enfonçant dans l'âme de la pièce.

---

(1) Le maréchal-de-camp baron C.... a indiqué, dans son Précis sur le chargement et le tir des bouches à feu (1819 et 1820), le bouchon-sabot, comme très-propre au tir à ricochet ou à petite charge. Pour éviter, dans ce cas, ou le renversement de la cartouche en l'enfonçant dans la pièce, ou les ratés, ou les résidus enflammés qui se conservent au fond de l'âme, il faut, après avoir arrangé, d'une manière uniforme, les grains de poudre dans le fond du sachet, à l'aide d'un mandrin léger en forme de champignon, les recouvrir par un culot de papier ; ensuite mettre dans le sachet plusieurs pincées de bourre, ou poil de bœuf, que l'on répartit également, et sans les comprimer, jusqu'à ce que la cartouche ait acquis la hauteur convenable ; après quoi, on replie le papier de la partie vide du sachet, on lie la cartouche avec une ficelle croisée (ce qui, d'après Bigot, empêche le culot de rester au fond de l'âme), et on l'introduit en plaçant par-dessus un mince bouchon-sabot de foin. Ce mode de chargement employé à Auxonne concurremment avec celui dans lequel on donne à la cartouche une hauteur suffisante, en mettant du foin dans le sachet, et avec celui où on replie simplement le sachet sur la poudre, de manière à former un bourrelet d'un diamètre plus grand que le calibre de la pièce, a paru le plus avantageux ; sans mériter cependant la préférence à la guerre, sur le dernier, qui est le plus simple, et qui n'exclut pas l'emploi du bouchon-sabot.

IMPRIMERIE DE DEMONVILLE, RUE CHRISTINE, N° 2.

www.ingramcontent.com/pod-product-compliance
Lightning Source LLC
Chambersburg PA
CBHW070745280326
41934CB00011B/2801